PLANETA ANIMAL
LA BALLENA

POR KATE RIGGS

CREATIVE EDUCATION • CREATIVE PAPERBACKS

Publicado por Creative Education
y Creative Paperbacks
P.O. Box 227, Mankato, Minnesota 56002
Creative Education y Creative Paperbacks son marcas
editoriales de The Creative Company
www.thecreativecompany.us

Diseño de The Design Lab
Producción de Chelsey Luther and Rachel Klimpel
Editado de Alissa Thielges
Dirección de arte de Rita Marshall
Traducción de TRAVOD, www.travod.com

Fotografías de Alamy (Nature Picture Library,
WaterFrame, Xinhua), Dreamstime (Joanne Weston,
Mandimiles, Nainoa Ciotti), iStock (Nerthuz), Minden
Pictures (Christopher Swann), Shutterstock (aarrows, Foto
4440, Phillip Dyhr Hobbs, Triduza Studio, tsuneomp,
William Drumm), SuperStock (NHPA, Pacific Stock -
Design Pics), Wikimedia Commons

Library of Congress Cataloging-in-Publication Data
Names: Riggs, Kate, author.
Title: La ballena / by Kate Riggs.
Other titles: Whales. Spanish
Description: Mankato, Minnesota: Creative Education and
Creative Paperbacks, [2023] | Series: Planeta animal | .
Includes index. | Audience: Ages 6–9 | Audience: Grades
2–3
Identifiers: LCCN 2021061149 (print) | LCCN
2021061150 (ebook) | ISBN 9781640266858 (library
binding) | ISBN 9781682772416 (paperback) | ISBN
9781640008267 (ebook)
Subjects: LCSH: Whales—Juvenile literature.
Classification: LCC QL737.C4 R54518 2023 | DDC
599.5-dc23/eng/20211223
LC record available at https://lccn.loc.gov/2021061149
LC ebook record available at https://lccn.loc.
gov/2021061150

Tabla de contenidos

Las ballenas jorobadas son ballenas barbadas que viven en todos los océanos.

La ballena es un **mamífero** marino. Existen 25 tipos de ballena que tienen dientes. Los otros 13 tipos no tienen dientes. En lugar de dientes, tienen **barba**. Se llaman ballenas barbadas.

barba material duro que cuelga hacia abajo de la mandíbula superior de una ballena

mamífero animal que alimenta con leche a su cría

Las ballenas tienen cuerpos largos que son buenos para nadar. Su piel es lisa. La mayoría de las ballenas es de color oscuro, como café o gris. Las belugas son blancas.

El rorcual aliblanco (página opuesta) es más oscuro que la beluga (arriba).

La ballenas son algunos de los animales más grandes del mundo. Incluso las ballenas pequeñas son más largas que un hombre adulto. La ballena azul es la ballena más grande. Puede medir hasta 100 pies (30 m) de largo. ¡Las ballenas azules más grandes pueden pesar 200 toneladas (181 t)!

La ballena azul tiene el corazón más grande de todos los animales.

Las ballenas se encuentran en todos los océanos de la Tierra. Nadan al mover su cola y sus aletas. La cola de la ballena tiene dos almohadillas planas en la punta. Estas almohadillas se llaman lóbulos. ¡La ballena azul puede nadar a una velocidad de 20 millas (32 km) por hora!

Al zambullirse, la ballena puede levantar sus lóbulos en el aire.

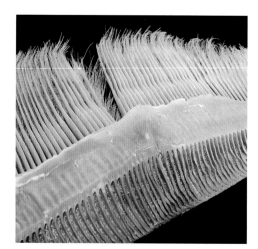

La barba está hecha del mismo material que las uñas humanas.

Las ballenas barbadas comen pequeños animales marinos, peces y plancton. La barba parece un peine. Atrapa criaturas diminutas en la boca de la ballena. Las ballenas dentadas se alimentan de presas más grandes. Puede gustarles comer peces, calamares e incluso focas.

plancton criaturas acuáticas diminutas

presa animales que otros animales matan y comen

Las ballenas barbadas tienen dos espiráculos.

La madre ballena tiene un ballenato a la vez. El ballenato nace en el agua. Nada hacia la superficie para respirar aire. Las ballenas respiran a través de uno o dos espiráculos en su cabeza. Los ballenatos beben la leche de su madre. Se quedan con su madre durante un año.

ballenato ballena bebé

Algunas ballenas viven en grupos llamados manadas. Las ballenas barbadas hacen sonidos como cantos para comunicarse entre sí. Las ballenas dentadas hacen clics, silban, chillan y gimen. En la naturaleza, la mayoría de las ballenas viven entre 40 y 85 años.

Los cachalotes se frotan entre sí para quitarse la piel vieja.

Las ballenas cazan su comida. Se comunican entre sí. Saltan fuera del agua y salpican al caer. A veces, las ballenas sacan su cabeza del agua. Esto se llama emersión de atisbamiento.

Las ballenas que hacen emersión de atisbamiento pueden permanecer verticales por varios minutos.

Cuando las ballenas saltan fuera del agua, eso se llama rompedura.

La gente va en botes especiales para avistar ballenas. A veces, se puede ver a las ballenas en grupos grandes. Pueden estar alimentándose o **migrando**. ¡Es divertido ver a estos animalotes nadar y zambullirse!

migrar mudarse de un lugar a otro durante diferentes períodos del año

Un cuento del ballena

Hace mucho tiempo, los maoríes de Nueva Zelanda solían montar a las ballenas. Tienen un cuento sobre un hombre llamado Paikea. Paikea casi se ahoga en el mar cuando su bote se hundió. Pero una ballena jorobada lo salvó. La ballena llevó a Paikea a Nueva Zelanda. Allí, Paikea se convirtió en un gran líder. Posteriormente, los maoríes montaban ballenas para demostrar que podían ser líderes fuertes.

Índice